Marmelade

Rezepte für den Thermomix

Vorwort

Zum Frühstück sind sie heute einfach nicht mehr wegzudenken. Leckere Marmeladen und Konfitüren. Wenn man diese dann noch mit unseren tollen Rezepten selber machen kann, werden sie zum Star auf jedem Frühstückstisch.

Ob ganz klassisch mit Erdbeeren oder Himbeeren, oder auch mit Krokant oder in weihnachtlichen Variationen. Die Kombinationsmöglichkeiten sind vielfältig.

Mit unserem Kochbuch für den Thermomix können Sie diese ohne viel Aufwand zubereiten. So macht das Kochen von Marmelade und Konfitüren einfach Spaß, egal ob für den eigenen Genuss oder als kleines Mitbringsel für fast jede Gelegenheit.

Wenn in Rezepten als Stufe z.B. 3.5 für den TM 5 angegeben ist, entspricht dies Stufe 3–4 für den TM 31.

Gegebenenfalls abweichende Temperaturangaben für den TM 31 finden Sie in den Rezepten jeweils in Klammern.

Inhaltsverzeichnis

Erdbeermarmelade	4
Pflaumen-Apfel-Marmelade	5
Aprikosen-Apfel-Marmelade	6
Pflaumenmarmelade	7
Ananas-Birnen-Konfitüre	8
Pfirsich-Papaya-Marmelade	9
Holunderkonfitüre	10
Gelbe Kiwimarmelade mit Rosmarin	11
Erdbeer-Melonen-Marmelade	12
Kirschmarmelade mit Schuss	13
Apfel-Heidelbeer-Marmelade	14
Mangokonfitüre	15
Erdbeer-Bananen-Marmelade	16
Birnen-Kiwi-Marmelade	17
Pomelo-Honigmelonen-Marmelade	18
Himbeer-Schoko-Konfitüre	19
Cranberry-Heidelbeer-Marmelade	20
Kiwi-Mango-Konfitüre mit Minze	21
Mango-Walnusskrokant-Marmelade	22
Erdbeer-Schoko-Marmelade	25
Apfel-Nuss-Marmelade	26
Pflaumen-Tomaten-Marmelade	27
Aprikosen-Rooibos-Marmelade	28
Stachelbeergelee	29
Apfelmarmelade	30

Feigenkonfitüre 31

Papaya-Birnen-Marmelade 32

Kirsch-Schoko-Konfitüre 33

Erdbeer-Granatapfel-Marmelade 34

Birnenkonfitüre mit Zitronenlikör 35

Mango-Khaki-Mandarinen-Marmelade 36

Wodka-Lemon-Marmelade 37

Zucchini-Birnen-Apfel-Marmelade 38

Honigmelone-Trauben-Marmelade 39

Erdbeer-Basilikum-Marmelade 40

Heidelbeer-Apfel-Marmelade 41

Physalis-Macadamia-Marmelade 42

Kürbis-Mandarinen-Marmelade 45

Himbeerkonfitüre 46

Ananaskonfitüre 47

Blutorangenmarmelade 48

Pampelmuse-Apfel-Marmelade 49

Kürbis-Limetten-Marmelade 50

Orangenmarmelade 51

Trauben-Wein-Konfitüre 52

Rhabarber-Pfirsich-Marillen-Marmelade 53

Birnen-Lebkuchen-Konfitüre 54

Weihnachtliche Apfel-Zimt-Marmelade 57

Tipps und Tricks zum selber Kochen von
Marmelade mit dem Thermomix 59

Erdbeermarmelade

Zutaten

500 g	Erdbeeren, geputzt gewogen
1	Limette, Abrieb davon
10 g	Limettensaft
250 g	Gelierzucker 2:1

Zubereitung

> Die Erdbeeren halbieren und zusammen mit den restlichen Zutaten in den Mixtopf geben, **10 Min./100°C/Stufe 1** kochen (Garkörbchen als Spritzschutz verwenden).
> Die Marmelade **5 Sek./Stufe 8** mit MB pürieren.
> Die heiße Marmelade sofort in saubere Gläser füllen, über Kopf auf dem Deckel ca. 5 Min. abkühlen lassen und dann wieder umdrehen.

Tipp *Der Klassiker unter den Marmeladen kann natürlich auch mit anderen Früchten hergestellt werden.*

Nährwerte/100 g: 151 kcal | EW 0,56 g | F 0,45 g | KH 35,48 g

Pflaumen-Apfel-Marmelade

Zutaten

300 g	Pflaumen, entsteint gewogen
300 g	Äpfel, geschält u. entkernt gewogen
50 g	Rosinen
1 Tl	Kardamon
300 g	Gelierzucker 2:1

Zubereitung

› Pflaumen halbiert, Äpfel in Stücken sowie die Rosinen und Kardamon in den Mixtopf geben und **5 Sek./Stufe 10** zerkleinern.

› Gelierzucker hinzufügen, **12 Min./100°C/Stufe 2** kochen (Garkörbchen als Spritzschutz verwenden).

› Die heiße Marmelade sofort in saubere Gläser füllen, über Kopf auf dem Deckel ca. 5 Min. abkühlen lassen und dann wieder umdrehen.

Aprikosen-Apfel-Marmelade

Zutaten

340 g	Aprikosen, entsteint gewogen
240 g	Äpfel, geschält u. entkernt gewogen
280 g	Gelierzucker 2:1
30 g	Marillenschnaps oder Likör

Zubereitung

› Die Aprikosen halbiert und die Äpfel in Stücken in den Mixtopf geben, **4 Sek./Stufe 9** zerkleinern.

› Die restlichen Zutaten hinzufügen und **9 Min./100°C/Stufe 1** kochen (Garkörbchen als Spritzschutz verwenden).

› Die heiße Marmelade sofort in saubere Gläser füllen, über Kopf auf dem Deckel ca. 5 Min. abkühlen lassen und dann wieder umdrehen.

Nährwerte/Portion: 175 kcal | EW 0,28 g | F 0,21 g | KH 41,13 g

Zutaten

500 g	Pflaumen oder Zwetschgen, entsteint gewogen
170 g	Gelierzucker 3:1
15–20 g	Zwetschgenwasser

Zubereitung

> Pflaumen geviertelt in den Mixtopf geben und **4 Sek./Stufe** 7 zerkleinern.
> Gelierzucker hinzufügen, **9:30 Min./100°C/Stufe** 2 kochen (Garkörbchen als Spritzschutz verwenden).
> Das Zwetschgenwasser dazugeben und **5 Sek./Stufe** 2 unterrühren.
> Die heiße Marmelade sofort in saubere Gläser füllen, über Kopf auf dem Deckel ca. 5 Min. abkühlen lassen und dann wieder umdrehen.

Tipp *Schmeckt auch toll mit etwas Zimt.*

Nährwerte/Portion: 137 kcal | EW 0,44 g | F 0,25 g | KH 32,11 g

Ananas-Birnen-Konfitüre

Zutaten

440 g	Ananasfruchtfleisch, frisch
330 g	Birnen, geschält u. entkernt gewogen
10 g	Ingwer, frisch
370 g	Gelierzucker 2:1

Zubereitung

> Das Obst und den Ingwer in Stücken in den Mixtopf geben, **5 Sek./Stufe 10** zerkleinern.

> Gelierzucker hinzufügen und **10 Min./100°C/Stufe 1** kochen (Garkörbchen als Spritzschutz verwenden).

> Die heiße Konfitüre sofort in saubere Gläser füllen, über Kopf auf dem Deckel ca. 5 Min. abkühlen lassen und dann wieder umdrehen.

Nährwerte/100 g: 164 kcal | EW 0,32 g | F 0,31 g | KH 39,58 g

Zutaten

430 g	Pfirsiche, entkernt gewogen
170 g	Papayafruchtfleisch
280 g	Gelierzucker 2:1

Zubereitung

> Obst in den Mixtopf geben und
7 **Sek./Stufe 9** pürieren.
> Gelierzucker hinzufügen,
10 Min./100°C/Stufe 1 kochen
(Garkörbchen als Spritzschutz verwenden).
> Die heiße Marmelade sofort in saubere
Gläser füllen, über Kopf auf dem Deckel
ca. 5 Min. abkühlen lassen und dann
wieder umdrehen.

Nährwerte/100 g: 152 kcal | EW 0,47 g | F 0,23 g | KH 36,58 g

Holunderkonfitüre

Zutaten

600 g	Holunder, entstielt u. geputzt gewogen
25 g	Ingwer, frisch in Stücken
280 g	Gelierzucker 2:1

Zubereitung

> Holunder zusammen mit dem Ingwer in den Mixtopf geben und **20 Min./100°C/Stufe 2** kochen.

> Den Holunder etwas abkühlen lassen und dann durch ein Sieb streichen.

> Nun den Holunder zusammen mit dem Gelierzucker zurück in den Mixtopf geben und **10 Min./100°C/Stufe 2** kochen (Garkörbchen als Spritzschutz verwenden).

> Die heiße Konfitüre sofort in saubere Gläser füllen, über Kopf auf dem Deckel ca. 5 Min. abkühlen lassen und dann wieder umdrehen.

Nährwerte/100 g: 160 kcal | EW 1,71 g | F 1,31 g | KH 34,58 g

Gelbe Kiwimarmelade mit Rosmarin

Zutaten

400 g	gelbe Kiwi, geschält gewogen
180 g	Birne, entkernt gewogen
290 g	Gelierzucker 2:1
5 g	Ingwer, frisch
1 Msp.	Rosmarin, gemahlen

Zubereitung

> Kiwi und Birnen in Stücken zusammen mit den restlichen Zutaten in den Mixtopf geben, **10 Min./100°C/Stufe 2** kochen (Garkörbchen als Spritzschutz verwenden).

> Die Marmelade **7 Sek./Stufe 9** mit dem MB pürieren.

> Die heiße Marmelade sofort in saubere Gläser füllen, über Kopf auf dem Deckel ca. 5 Min. abkühlen lassen und dann wieder umdrehen.

Erdbeer-Melonen-Marmelade

Zutaten

200 g	Erdbeeren, geputzt gewogen
150 g	Wassermelone, Fruchtfleisch ohne Kerne
200 g	Bananen, geschält gewogen
20 g	Zitronensaft
300 g	Gelierzucker 2:1
30 g	weißer Rum

Zubereitung

> Erdbeeren halbieren, Melone und Bananen in Stücke schneiden.

> Die Früchte zusammen mit dem Saft und dem Zucker in den Mixtopf geben, **10 Sek./Stufe 6** zerkleinern.

> Die Früchtemischung **11 Min./100°C/Stufe 2–3** kochen (Garkörbchen als Spritzschutz verwenden).

> Den Rum über den Deckel dazugeben und **10 Sek./Stufe 2** unterrühren.

> Die heiße Marmelade sofort in saubere Gläser füllen, über Kopf auf dem Deckel ca. 5 Min. abkühlen lassen und dann wieder umdrehen.

Nährwerte/100 g: 174 kcal | EW 0,55 g | F 0,34 g | KH 39,47 g

Zutaten

550 g	Kirschen (TK), z.B. Schattenmorellen
40 g	Zitronensaft
300 g	Gelierzucker 2:1
20 g	Kirschwasser

Zubereitung

> Kirschen, Zitronensaft und Zucker in den Mixtopf geben, **12 Min./100°C/Stufe 2** kochen (Garkörbchen als Spritzschutz verwenden). Bitte beim Kochen der Marmelade dabei bleiben, da Sie evtl. aufschäumt; in diesem Fall ggf. die Temperatur kurz auf 90°C reduzieren.

> Das Kirschwasser hinzufügen und **2 Min./90°C/Stufe 2** fertig kochen.

> Marmelade **3 Sek./Stufe 5** mit MB pürieren.

> Die heiße Marmelade sofort in saubere Gläser füllen, über Kopf auf dem Deckel ca. 5 Min. abkühlen lassen und dann wieder umdrehen.

Tipp *Wenn Sie die Marmelade lieber ohne Stücke möchten, dann bitte 10 Sek./Stufe 8 mit MB pürieren.*

Apfel-Heidelbeer-Marmelade

Zutaten

400 g	Äpfel, geschält u. entkernt gewogen
200 g	Heidelbeeren
½ Tl	Zimt
1 Msp.	Cayennepfeffer
200 g	Gelierzucker 3:1

Zubereitung

> Die Äpfel geviertelt zusammen mit den Heidelbeeren in den Mixtopf geben, **10 Sek./Stufe 10** pürieren.

> Die restlichen Zutaten hinzufügen und **12 Min./100°C/Stufe 1–2** kochen (Garkörbchen als Spritzschutz verwenden).

> Die heiße Marmelade sofort in saubere Gläser füllen, über Kopf auf dem Deckel ca. 5 Min. abkühlen lassen und dann wieder umdrehen.

Nährwerte/100 g: 137 kcal | EW 0,38 g | F 0,25 g | KH 32,80 g

Zutaten

900 g	Mango Fruchtfleisch
10 g	Ingwer
450 g	Gelierzucker 2:1
1 Fl.	Vanillearoma

Tipp

Geben sie etwas Chili hinzu, die Schärfe harmoniert wunderbar mit der süßen Mango.

Zubereitung

› Mango und Ingwer in den Mixtopf geben, **3 Sek./Stufe 10** pürieren.

› Die restlichen Zutaten hinzufügen, **10 Min./100°C/Stufe 2** kochen.

› Die heiße Konfitüre sofort in saubere Gläser füllen, über Kopf auf dem Deckel ca. 5 Min. abkühlen lassen und dann wieder umdrehen.

Erdbeer-Bananen-Marmelade

Zutaten

1000 g	Erdbeeren, geputzt gewogen
200 g	Banane, geschält gewogen
600 g	Gelierzucker 2:1
25 g	Amaretto

Zubereitung

> Alle Zutaten in den Mixtopf geben und **5 Sek./Stufe 9** pürieren.

> Die Fruchtmischung **12 Min./100°C/Stufe 2** kochen (Garkörbchen als Spritzschutz verwenden).

> Die heiße Marmelade sofort in saubere Gläser füllen, über Kopf auf dem Deckel ca. 5 Min. abkühlen lassen und dann wieder umdrehen.

Nährwerte/100 g: 161 kcal | EW 0,58 g | F 0,40 g | KH 37,50 g

Zutaten

280 g	Birnen, entkernt gewogen
420 g	grüne Kiwi, geschält gewogen
300 g	Gelierzucker 2:1

Zubereitung

> Birnen und Kiwi geviertelt in den Mixtopf geben und **5 Sek./Stufe 8** pürieren.

> Gelierzucker hinzufügen, **15 Min./100°C/Stufe 2** kochen (Garkörbchen als Spritzschutz aufsetzen).

> Die heiße Marmelade sofort in saubere Gläser füllen, über Kopf auf dem Deckel ca. 5 Min. abkühlen lassen und dann wieder umdrehen.

Pomelo-Honigmelonen-Marmelade

Zutaten

400 g	Pomelos, geschält gewogen
400 g	Honigmelone, ohne Schale u. entkernt gewogen
400 g	Gelierzucker 2:1

Zubereitung

> Das Obst in den Mixtopf geben und **5 Sek./Stufe 10** pürieren.

> Gelierzucker hinzufügen, **12 Min./100°C/Stufe 1** kochen (Garkörbchen als Spritzschutz verwenden).

> Falls die Marmelade etwas schäumt, den Schaum nach dem Kochen abschöpfen.

> Die heiße Marmelade sofort in saubere Gläser füllen, über Kopf auf dem Deckel ca. 5 Min. abkühlen lassen und dann wieder umdrehen.

Nährwerte/100 g: 160 kcal | EW 0,45 g | F 0,25 g | KH 38,25 g

Zutaten

250 g	Himbeeren
120 g	Gelierzucker 2:1
20 g	Zartbitterschokolade, geraspelt

Zubereitung

> Himbeeren und Gelierzucker in den Mixtopf geben und **3 Sek./Stufe** 5 zerkleinern.
> Das Himbeerpüree **8 Min./100°C/Stufe 2** kochen (Garkörbchen als Spritzschutz verwenden).
> Schokolade dazugeben, **30 Sek./Stufe 2** unterrühren.
> Die heiße Konfitüre sofort in saubere Gläser füllen, über Kopf auf dem Deckel ca. 5 Min. abkühlen lassen und dann wieder umdrehen.

Cranberry-Heidelbeer-Marmelade

Zutaten

190 g	frische Cranberries, geputzt gewogen
75 g	Heidelbeeren, geputzt gewogen
5 g	Ingwer
30 g	Rotwein
150 g	Gelierzucker 2:1

Zubereitung

› Cranberries, Heidelbeeren und Ingwer in den Mixtopf geben, **10 Sek./Stufe 10** pürieren.

› Rotwein und Gelierzucker hinzufügen, **15 Min./100°C/Stufe 2** kochen (Garkörbchen als Spritzschutz verwenden).

› Die heiße Marmelade sofort in saubere Gläser füllen, über Kopf auf dem Deckel ca. 5 Min. abkühlen lassen und dann wieder umdrehen.

Nährwerte/100 g: 156 kcal | EW 0,51 g | F 0,41 g | KH 35,68 g

Kiwi-Mango-Konfitüre mit Minze

Zutaten

250 g	Kiwi, geschält gewogen
250 g	Mangofruchtfleisch
2 Stiele	frische Minze
250 g	Gelierzucker

Zubereitung

> Kiwi und Mango in den Mixtopf geben, **10 Sek./Stufe 6** zerkleinern.

> Gelierzucker hinzufügen, **5 Sek./Stufe 3** vermischen.

> Die ganzen Minzstiele dazugeben und **10 Min./100°C/ I I /Stufe 2** kochen (Garkörbchen als Spritzschutz verwenden).

> Die Minze herausnehmen und die heiße Konfitüre sofort in saubere Gläser füllen, über Kopf auf dem Deckel ca. 5 Min. abkühlen lassen und dann wieder umdrehen.

Tipp *Je nach Geschmack können Sie auch etwas mehr Minze verwenden.*

Mango-Walnusskrokant-Marmelade

Zutaten

Krokant

40 g	Walnüsse
40 g	Zucker

Marmelade

450 g	Mangofruchtfleisch in Stücken
50 g	Apfel, geschält und entkernt gewogen
180 g	Gelierzucker 3:1

Zubereitung

Krokant
- › Nüsse in den Mixtopf geben, **3 Sek./Stufe 6** hacken.
- › Die Nüsse in einer Pfanne ohne Fett rösten, Zucker hinzufügen und karamellisieren lassen. Bitte dabei bleiben, weil es sehr schnell anbrennen kann.
- › Die Karamellnüsse abkühlen lassen, im Mixtopf nochmals **3 Sek./Stufe 6** zerkleinern und umfüllen.

Marmelade
- › Mango und Apfel in den Mixtopf geben und **5 Sek./Stufe 6** zerkleinern.
- › Gelierzucker hinzufügen, **10 Min./100°C/Stufe 2–3** kochen. (Garkörbchen als Spritzschutz verwenden).
- › Den Krokant zu der Marmelade geben und **1 Min./100°C/LL/Stufe 2–3** fertig kochen (Garkörbchen als Spritzschutz verwenden).
- › Die heiße Marmelade sofort in saubere Gläser füllen, über Kopf auf dem Deckel ca. 5 Min. abkühlen lassen und dann wieder umdrehen.

Nährwerte/100 g: 177 kcal | EW 1,09 g | F 2,38 g | KH 37,14 g

Erdbeer-Schoko-Marmelade

Zutaten

100 g	weiße Schokolade, in Stücken
1000 g	Erdbeeren, geputzt gewogen
500 g	Gelierzucker 2:1
2 Msp.	Chilipulver

Zubereitung

› Schokolade in den Mixtopf geben, **3 Sek./Stufe 7** zerkleinern und umfüllen.

› Die Erdbeeren halbiert zusammen mit dem Gelierzucker und dem Chili in den Mixtopf geben, **10 Min./100°C/Stufe 1** kochen (Garkörbchen als Spritzschutz verwenden).

› Die Erdbeermarmelade **2 Sek./Stufe 5** mit MB pürieren.

› Schokolade hinzufügen und mit dem Spatel vermischen.

› Die heiße Marmelade sofort in saubere Gläser füllen, über Kopf auf dem Deckel ca. 5 Min. abkühlen lassen und dann wieder umdrehen.

Tipp *Sie können die Schokoladensorten natürlich nach Belieben variieren.*

Apfel-Nuss-Marmelade

Zutaten

30 g	Nüsse, z.B. Walnuss- oder Haselnusskerne
470 g	Äpfel, entkernt gewogen
2 El	Zitronensaft
1 El	Apfelschnaps
½	Vanilleschote, ausgekratztes Mark davon
220 g	Gelierzucker 2:1

Zubereitung

› Nusskerne in den Mixtopf geben und **10 Sek./Stufe 10** zerkleinern.
› Die Äpfel in Stücken und die restlichen Zutaten hinzufügen, **15 Sek./Stufe 6** zerkleinern.
› Die Apfelmischung **9:30 Min./100°C/Stufe 2–3** kochen (Garkörbchen als Spritzschutz verwenden).
› Die heiße Marmelade sofort in saubere Gläser füllen, über Kopf auf dem Deckel ca. 5 Min. abkühlen lassen und dann wieder umdrehen.

Nährwerte/100 g: 188 kcal | EW 0,87 g | F 3,03 g | KH 38,36 g

Pflaumen-Tomaten-Marmelade

Zutaten

450 g	Pflaumen, entsteint gewogen
150 g	Tomatenfruchtfleisch
1	Vanilleschote, ausgekratztes Mark davon
1 Msp.	Ingwerpulver
1 P.	Vanillezucker
200 g	Gelierzucker 3:1

Zubereitung

> Pflaumen vierteln und Tomaten in Stücke schneiden.
> Das Mark der Vanilleschote hinzufügen, 15 **Sek./Stufe 7** zerkleinern.
> Die restlichen Zutaten dazugeben und **5 Sek./Stufe 3** vermischen.
> Die Fruchtmischung **10 Min./100°C/Stufe 2–3** kochen (Garkörbchen als Spritzschutz verwenden).
> Die heiße Marmelade sofort in saubere Gläser füllen, über Kopf auf dem Deckel ca. 5 Min. abkühlen lassen und dann wieder umdrehen.

Aprikosen-Rooibos-Marmelade

Zutaten

280 g	Wasser
3 Btl.	Rooibostee
450 g	Aprikosen, entsteint gewogen
350 g	Gelierzucker 2:1

Zubereitung

> Das Wasser zum Kochen bringen, damit die Teebeutel übergießen und ca. 6–8 Min. ziehen lassen.

> Aprikosen im Mixtopf **10 Sek./Stufe 6** pürieren.

> Teebeutel herausnehmen und den Tee zusammen mit dem Gelierzucker zu den Aprikosen geben, **9:30 Min./100°C/Stufe 2** kochen (Garkörbchen als Spritzschutz verwenden).

> Die heiße Marmelade sofort in saubere Gläser füllen, über Kopf auf dem Deckel ca. 5 Min. abkühlen lassen und dann wieder umdrehen.

Nährwerte/100 g: 156 kcal | EW 0,21 g | F 0,20 g | KH 37,73 g

Zutaten

500 g	Stachelbeersaft
250 g	Gelierzucker 2:1
1	Spritzer Zitronensaft

Zubereitung

› Alle Zutaten in den Mixtopf geben, **9 Min./100°C/Stufe 2** kochen.
› Das heiße Gelee sofort in saubere Gläser füllen, über Kopf auf dem Deckel ca. 5 Min. abkühlen lassen und dann wieder umdrehen.

Tipp *Dieses Rezept können Sie nach Belieben auch mit anderen Fruchtsäften zubereiten.*

Apfelmarmelade

Zutaten

900 g	rote Äpfel, geschält u. entkernt gewogen
15 g	Ingwer
1 Msp.	Chili
450 g	Gelierzucker 2:1

Zubereitung

> Die Äpfel geviertelt sowie Ingwer und Chili in den Mixtopf geben, **15 Sek./Stufe 5** zerkleinern.

> Gelierzucker hinzufügen, **12 Min./100°C/Stufe 2** kochen (Garkörbchen als Spritzschutz verwenden).

> Die heiße Marmelade sofort in saubere Gläser füllen, über Kopf auf dem Deckel ca. 5 Min. abkühlen lassen und dann wieder umdrehen.

Nährwerte/Portion: 171 kcal | EW 0,24 g | F 0,21 g | KH 41,54 g

Zutaten

340 g	frische Feigen, halbiert
190 g	Gelierzucker 2:1
1 Msp.	Nelkenpulver
50 g	Rotwein, lieblich

Zubereitung

› Alle Zutaten in den Mixtopf geben und **12 Min./100°C/Stufe 2** kochen.
› Die Konfitüre **5 Sek./Stufe 8** pürieren.
› Die heiße Konfitüre sofort in saubere Gläser füllen, über Kopf auf dem Deckel ca. 5 Min. abkühlen lassen und dann wieder umdrehen.

Papaya-Birnen-Marmelade

Zutaten

300 g	Papaya, geschält u. entkernt gewogen
200 g	Birnen, geschält u. entkernt gewogen
300 g	Gelierzucker 2:1
160 g	Orangensaft, frisch gepresst

Zubereitung

› Papaya und Birnen in Stücken in den Mixtopf geben und
  3 Sek./Stufe 6 pürieren.
› Die restlichen Zutaten hinzufügen, **10 Min./100°C/Stufe 2**
  kochen (Garkörbchen als Spritzschutz verwenden).
› Die heiße Marmelade sofort in saubere Gläser füllen, über Kopf
  auf dem Deckel ca. 5 Min. abkühlen lassen und dann wieder umdrehen.

Nährwerte/100 g: 151 kcal | EW 0,37 g | F 0,27 g | KH 36,56 g

Zutaten

45 g	Schokolade, 81% Kakao
350 g	Kirschen, entsteint gewogen
50 g	Rotwein
1 Msp.	Cayennepfeffer
200 g	Gelierzucker 2:1

Zubereitung

> Schokolade in Stücken in den Mixtopf geben, **3 Sek./Stufe** 7 zerkleinern und umfüllen.

> Kirschen, Rotwein, Cayennepfeffer und Gelierzucker in den Mixtopf geben, **10 Min./100°C/Stufe** 2 kochen (Garkörbchen als Spritzschutz verwenden).

> Schokolade hinzufügen und mit dem Spatel kurz vermischen.

> Die heiße Konfitüre sofort in saubere Gläser füllen, über Kopf auf dem Deckel ca. 5 Min. abkühlen lassen und dann wieder umdrehen.

Erdbeer-Granatapfel-Marmelade

Zutaten

1	Granatapfel
750 g	Erdbeeren, geputzt gewogen
400 g	Gelierzucker 2:1
40 g	Apfellikör

Zubereitung

> Den Granatapfel aufschneiden und die Kerne herausnehmen, dabei den Saft auffangen.

> Erdbeeren halbieren.

> Die Kerne, den Saft sowie die restlichen Zutaten zusammen in den Mixtopf geben, **10 Min./100°C/Stufe 1** kochen (Garkörbchen als Spritzschutz verwenden).

> Die Marmelade **8 Sek./Stufe 8** mit MB pürieren.

> Die heiße Marmelade sofort in saubere Gläser füllen, über Kopf auf dem Deckel ca. 5 Min. abkühlen lassen und dann wieder umdrehen.

Nährwerte/100 g: 146 kcal | EW 0,55 g | F 0,45 g | KH 33,41 g

Birnenkonfitüre mit Zitronenlikör

Zutaten

600 g	Birnen, geschält u. entkernt gewogen
320 g	Gelierzucker 2:1
65 g	Zitronenlikör

Zubereitung

> Birnen geviertelt in den Mixtopf geben und **2 Sek./Stufe 6** zerkleinern.
> Die restlichen Zutaten hinzufügen, **10 Min./100°C/Stufe 2** kochen (Garkörbchen als Spritzschutz verwenden)
> Die heiße Konfitüre sofort in saubere Gläser füllen, über Kopf auf dem Deckel ca. 5 Min. abkühlen lassen und dann wieder umdrehen.

Tipp *Sie können den Likör auch durch Zitronensaft ersetzen.*

Mango-Khaki-Mandarinen-Marmelade

Zutaten

240 g	Mangofruchtfleisch
200 g	Khakifruchtfleisch
180 g	Mandarinen, geschält gewogen
¼ Tl	Zimt
1 Msp.	Chilipulver
300 g	Gelierzucker 2:1

Zubereitung

> Obst in Stücken in den Mixtopf geben und **4 Sek./Stufe 9** zerkleinern.

> Die restlichen Zutaten hinzufügen, **10 Min./100°C/Stufe 1** kochen (Garkörbchen als Spritzschutz verwenden).

> Die heiße Marmelade sofort in saubere Gläser füllen, über Kopf auf dem Deckel ca. 5 Min. abkühlen lassen und dann wieder umdrehen.

Nährwerte/100 g: 169 kcal | EW 0,43 g | F 0,40 g | KH 40,33 g

Zutaten

430 g	Limettenfruchtfleisch
500 g	Gelierzucker 1:1
70 g	Wodka

Zubereitung

> Das Fruchtfleisch in Stücken in den Mixtopf geben,
> **10 Sek./Stufe 8** zerkleinern.

> Zucker hinzufügen,
> **12 Min./100°C/Stufe 2–3** kochen (Garkörbchen als Spritzschutz verwenden).

> Wodka dazugeben und
> **2 Min./100°C/Stufe 3** fertig kochen.

> Die heiße Marmelade sofort in saubere Gläser füllen, über Kopf auf dem Deckel ca. 5 Min. abkühlen lassen und dann wieder umdrehen.

Zucchini-Birnen-Apfel-Marmelade

Zutaten

300 g	Zucchini, in Stücken
150 g	Birne, geschält u. entkernt gewogen
150 g	Apfel, geschält u. entkernt gewogen
1	Zitrone, Saft davon
320 g	Gelierzucker 2:1

Zubereitung

> Zucchini, Birnen und Äpfel in Stücken in den Mixtopf geben und **6 Sek./Stufe 6** zerkleinern.

> Zitronensaft und Gelierzucker hinzufügen, **12 Min./100°C/Stufe 2–3** kochen (Garkörbchen als Spritzschutz verwenden).

> Die heiße Marmelade sofort in saubere Gläser füllen, über Kopf auf dem Deckel ca. 5 Min. abkühlen lassen und dann wieder umdrehen.

Nährwerte/100 g: 205 kcal | EW 0,95 g | F 0,39 g | KH 49,06 g

Zutaten

400 g	Honigmelone, ohne Schale u. entkernt gewogen
200 g	Weintrauben, kernlos
20 g	Brandy
300 g	Gelierzucker 2:1

Zubereitung

› Melone in Stücken zusammen mit den Weintrauben in den Mixtopf geben, **5 Sek./Stufe 10** pürieren.

› Brandy und Gelierzucker hinzufügen und **10 Min./100°C/Stufe 2** kochen (Garkörbchen als Spritzschutz ver wenden).

› Die heiße Marmelade sofort in saubere Gläser füllen, über Kopf auf dem Deckel ca. 5 Min. abkühlen lassen und dann wieder umdrehen.

Erdbeer-Basilikum-Marmelade

Zutaten

300 g	Erdbeeren, geputzt gewogen
1 handvoll	Basilikumblätter
1 Msp.	Pfeffer
1	Spritzer Zitronensaft
150 g	Gelierzucker 2:1

Zubereitung

> Erdbeeren halbieren und zusammen mit dem Basilikum in den Mixtopf geben, **15 Sek./Stufe 6** zerkleinern.

> Das Erdbeerpüree **10 Min./100°C/Stufe 2** kochen (Garkörbchen als Spritzschutz verwenden).

> Die heiße Marmelade sofort in saubere Gläser füllen, über Kopf auf dem Deckel ca. 5 Min. abkühlen lassen und dann wieder umdrehen.

Nährwerte/100 g: 146 kcal | EW 0,68 g | F 0,45 g | KH 34,19 g

Zutaten

250 g	Heidelbeeren
150 g	mürber Apfel, entkernt gewogen
200 g	Gelierzucker 2:1
2 El	Zitronensaft
1 El	brauner Zucker
2 Msp.	Zimt

Zubereitung

> Alle Zutaten in den Mixtopf geben und **10 Sek./Stufe 6** pürieren.

> Die Mischung ca. 1 Stunde im Mixtopf ziehen lassen.

> Die Obstmischung nun **10 Min./100°C/Stufe 2–3** kochen
(Garkörbchen als Spritzschutz verwenden).

> Die heiße Marmelade sofort in saubere Gläser füllen, über Kopf
auf dem Deckel ca. 5 Min. abkühlen lassen und dann wieder umdrehen.

Physalis-Macadamia-Marmelade

Zutaten

50 g	Macadamianüsse
400 g	Physalis, geputzt gewogen
	(ca. 5 Körbchen)
100 g	Orangensaft
250 g	Gelierzucker 2:1

Zubereitung

> Nüsse in den Mixtopf geben, **3 Sek./Stufe 6** hacken und umfüllen.
> Die gehackten Nüsse in einer Pfanne ohne Fett rösten und abkühlen lassen.
> Physalis und Orangensaft in den Mixtopf geben, **5 Sek./Stufe 8** zerkleinern.
> Gelierzucker hinzufügen, **2 Sek./Stufe 5** unterrühren.
> Die Marmelade **9 Min./100°C/Stufe 2–3** kochen (Garkörbchen als Spritzschutz verwenden).
> Nun die Nüsse zu der Marmelade geben und **1 Min./100°C/Stufe 2–3** fertig kochen.
> Die heiße Marmelade sofort in saubere Gläser füllen, über Kopf auf dem Deckel ca. 5 Min. abkühlen lassen und dann wieder umdrehen.

Nährwerte/100 g: 194 kcal | EW 1,08 g | F 4,80 g | KH 35,92 g

Nährwerte/100 g: 161 kcal | EW 0,58 g | F 0,30 g | KH 37,26 g

Kürbis-Mandarinen-Marmelade

Zutaten

250 g	Hokkaidokürbis, entkernt in Stücken
240 g	Mandarinen, geschält gewogen
250 g	Gelierzucker 2:1
30 g	Orangenlikör

Zubereitung

> Kürbis und Mandarinen in den Mixtopf geben, **8 Sek./Stufe 10** zerkleinern.
> Die Kürbismischung **15 Min./100°C/Stufe 2** kochen.
> Die restlichen Zutaten dazugeben und **10 Min./100°C/Stufe 2** fertig kochen (Garkörbchen als Spritzschutz verwenden).
> Die heiße Marmelade sofort in saubere Gläser füllen, über Kopf auf dem Deckel ca. 5 Min. abkühlen lassen und dann wieder umdrehen.

Tipp *Für eine weihnachtliche Variante einfach ½ Tl Lebkuchengewürz dazugeben.*

Himbeerkonfitüre

Zutaten

500 g	Himbeeren (TK)
½	Limette, Saft und Abrieb
250 g	Gelierzucker 2:1

Zubereitung

> Alle Zutaten in den Mixtopf geben und **13:30 Min./100°C/Stufe 2** kochen (Garkörbchen als Spritzschutz verwenden).

> Die heiße Konfitüre sofort in saubere Gläser füllen, über Kopf auf dem Deckel ca. 5 Min. abkühlen lassen und dann wieder umdrehen.

Tipp *Für die kernlose Variante die Konfitüre durch ein Sieb streichen und ggf. nochmals kurz aufkochen.*

Nährwerte/100 g: 151 kcal | EW 0,86 g | F 0,37 g | KH 34,51 g

Zutaten

500 g	Ananasfruchtfleisch, frisch in Stücken
10 g	Kokosraspeln
250 g	Gelierzucker 2:1
¼ Tl	Chilipulver
¼ Tl	Ingwerpulver

Zubereitung

> Ananas in den Mixtopf geben und **3 Sek./Stufe 10** pürieren.
> Die restlichen Zutaten hinzufügen, **15 Min./100°C/Stufe 2** kochen (Garkörbchen als Spritzschutz verwenden).
> Die heiße Konfitüre sofort in saubere Gläser füllen, über Kopf auf dem Deckel ca. 5 Min. abkühlen lassen und dann wieder umdrehen.

Tipp *Schmeckt auch ohne Kokosraspeln sehr lecker.*

Blutorangenmarmelade

Zutaten

570 g	Blutorangen, geschält gewogen
300 g	Gelierzucker 2:1
2 Msp.	Kardamom

nach Belieben

25 g	Orangenlikör

Zubereitung

> Blutorangen in Stücken zusammen mit den restlichen Zutaten in den Mixtopf geben, **12 Min./100°C/Stufe 2** kochen (Garkörbchen als Spritzschutz verwenden).
> Die Marmelade **6 Sek./Stufe 10** mit MB pürieren.
> Die heiße Marmelade sofort in saubere Gläser füllen, über Kopf auf dem Deckel ca. 5 Min. abkühlen lassen und dann wieder umdrehen.

Nährwerte/Portion: 167 kcal | EW 0,64 g | F 0,29 g | KH 38,58 g

Pampelmuse-Apfel-Marmelade

Zutaten

500 g	Pampelmusen, geschält gewogen
230 g	Äpfel, geschält u. entkernt gewogen
10 g	Ingwer, frisch
350 g	Gelierzucker 2:1

Zubereitung

› Pampelmusen und Äpfel in Stücken zusammen mit dem Ingwer in den Mixtopf geben, **5 Sek./Stufe 9** pürieren.

› Gelierzucker hinzufügen und **3 Sek./Stufe 3** unterrühren.

› Die Marmelade **10 Min./100°C/Stufe 1** kochen (Garkörbchen als Spritzschutz verwenden).

› Die heiße Marmelade sofort in saubere Gläser füllen, über Kopf auf dem Deckel ca. 5 Min. abkühlen lassen und dann wieder umdrehen.

Nährwerte/Portion: 161 kcal | EW 0,43 g | F 0,20 g | KH 38,59 g

Kürbis-Limetten-Marmelade

Zutaten

400 g	Hokkaidokürbis, entkernt gewogen
200 g	Limetten, geschält gewogen
550 g	Gelierzucker 1:1

Zubereitung

> Kürbis in Stücken in den Mixtopf geben, **5 Sek./Stufe 7** zerkleinern.

> Den Kürbis mit dem Spatel runterschieben, **5 Min./100°C/Stufe 2** dünsten.

> Die Limetten in Stücken und den Gelierzucker dazugeben, **8 Sek./Stufe 7** zerkleinern.

> Die Marmelade **11 Min./100°C/Stufe 2–3** kochen (Garkörbchen als Spritzschutz verwenden).

> Die fertige Marmelade nochmals **15 Sek./Stufe 10** mit MB pürieren.

> Die heiße Marmelade sofort in saubere Gläser füllen, über Kopf auf dem Deckel ca. 5 Min. abkühlen lassen und dann wieder umdrehen.

Nährwerte/100 g: 206 kcal | EW 0,47 g | F 0,70 g | KH 48,32 g

Zutaten

900 g	Orangenfruchtfleisch
450 g	Gelierzucker 2:1
40 g	Orangenlikör
¼ Tl	Nelkenpulver
1 Msp.	Kardamon

Zubereitung

> Das Orangenfruchtfleisch zunächst größtenteils von der weißen Haut befreien.
> Dann das Fruchtfleisch in Stücken in den Mixtopf geben,
  5 Sek./Stufe 10 pürieren.
> Die restlichen Zutaten hinzufügen und **14 Min./100°C/Stufe 2** kochen (Garkörbchen als Spritzschutz verwenden).
> Die heiße Marmelade sofort in saubere Gläser füllen, über Kopf auf dem Deckel ca. 5 Min. abkühlen lassen und dann wieder umdrehen.

Tipp *Wer eine klassische Orangemarmelade möchte,
kann einfach den Likör und die Gewürze weg lassen.*

Trauben-Wein-Konfitüre

Zutaten

500 g	helle Weintrauben, kernlos
100 g	Apfel, geschält u. entkernt gewogen
100 g	Weißwein
350 g	Gelierzucker 2:1

Zubereitung

› Trauben und Apfel in den Mixtopf geben, **10 Sek./Stufe 8** zerkleinern.
› Gelierzucker hinzufügen, **8 Min./100°C/Stufe 2−3** kochen (Garkörbchen als Spritzschutz verwenden).
› Weißwein zugeben und **4 Min./100°C/Stufe 2−3** fertig kochen (Garkörbchen als Spritzschutz verwenden).
› Die heiße Konfitüre sofort in saubere Gläser füllen, über Kopf auf dem Deckel ca. 5 Min. abkühlen lassen und dann wieder umdrehen.

Nährwerte/Portion: 178 kcal | EW 0,38 g | F 0,30 g | KH 40,97 g

Rhabarber-Pfirsich-Marillen-Marmelade

Zutaten

540 g	Rhabarber, geputzt gewogen
410 g	Pfirsich, entsteint gewogen
150 g	Marillen, entsteint gewogen
580 g	Gelierzucker 2:1
35 g	Rum

Zubereitung

> Rhabarber, Pfirsiche und Marillen in Stücken zusammen mit den restlichen Zutaten in den Mixtopf geben und **15 Min./100°C/Stufe 2** kochen (Garkörbchen als Spritzschutz verwenden).

> Die Marmelade **5 Sek./Stufe 10** mit MB pürieren.

> Die heiße Marmelade sofort in saubere Gläser füllen, über Kopf auf dem Deckel ca. 5 Min. abkühlen lassen und dann wieder umdrehen.

Birnen-Lebkuchen-Konfitüre

Zutaten

550 g	Birnen, geschält u. entkernt gewogen
1 El	Vanillezucker
2 Tl	Lebkuchengewürz
320 g	Gelierzucker 2:1
100 g	Rotwein

Tipp

Den Rotwein können Sie natürlich auch durch Fruchtsaft ersetzen.

Zubereitung

> Birnen in Stücken in den Mixtopf geben und **3 Sek./Stufe 5** zerkleinern.

> Vanillezucker, Lebkuchengewürz und Gelierzucker hinzufügen, **7 Min./100°C/Stufe 2–3** kochen (Garkörbchen als Spritzschutz verwenden).

> Den Rotwein dazugeben und **4 Min./100°C/Stufe 2–3** fertig kochen (Garkörbchen als Spritzschutz verwenden).

> Die fertige Konfitüre **5 Sek./Stufe 10** pürieren.

> Die heiße Konfitüre sofort in saubere Gläser füllen, über Kopf auf dem Deckel ca. 5 Min. abkühlen lassen und dann wieder umdrehen.

Nährwerte/100 g: 198 kcal | EW 0,80 g | F 2,21 g | KH 41,35 g

Weihnachtliche Apfel-Zimt-Marmelade

Zutaten

1000 g	Äpfel, geschält u. entkernt gewogen
15 g	Ingwer
50 g	Walnusskerne
1 Tl	Zimt
100 g	Apfelschnaps
100 g	Rosinen
500 g	Gelierzucker 2:1

Zubereitung

> Äpfel in Stücken, Ingwer und Nüsse in den Mixtopf geben,
> **5 Sek./Stufe 10** pürieren.
> Die restlichen Zutaten dazugeben,
> **11 Min./100°C/LL/Stufe 1** kochen
> (Garkörbchen als Spritzschutz verwenden).
> Die heiße Marmelade sofort in saubere Gläser füllen, über Kopf
> auf dem Deckel ca. 5 Min. abkühlen lassen und dann wieder umdrehen.

Tipps und Tricks zum selber Kochen von

Frische reife Früchte waschen, putzen oder ggf. schälen. Je nach Rezept, bzw. gewünschter Konsistenz der Marmelade, die Früchte in Stücken in den Mixtopf geben und zerkleinern. Wenn Sie die Marmelade oder Konfitüre nach Rezept zubereiten, bitte die im Rezept angegeben Schritte befolgen.

Wichtige Hinweise:

- Wichtig ist, dass die Marmelade ca. 4 Minuten auf 100°C kocht, damit sie anschließend geliert und haltbar ist. Während der Kochzeit sollten die Gläser schon sauber bereit stehen.

- Die Marmelade sofort nach dem Kochen heiß in die Gläser füllen. Bitte achten Sie darauf, dass der Gläserrand sauber bleibt.

- Falls nötig vor dem Verschließen mit einem sauberen Tuch reinigen. Die Gläser nach dem Einfüllen sofort verschließen und für ca. 5–10 Minuten umgedreht auf den Deckel stellen.

Das brauchen Sie zum Marmelade kochen:

- Saubere, ausgekochte Gläser

- Ein Trichter ist beim Füllen der Gläser hilfreich aber auch ohne klappt es mit dem Thermomix sehr gut.

- Ein Sieb, um bei Himbeeren o.ä. die Kerne zu entfernen.

Das sollten Sie beachten:

- Die Gläser müssen vorher ausgekocht werden.

- Stellen Sie beim Kochen das Garkörbchen auf den Mixtopf, damit nichts spritzt.

- Pürieren Sie nichts ohne Deckel, vor allem bei heißer Marmelade besteht sonst ein Verletzungsrisiko.

Marmelade mit dem Thermomix

Was ist Gelierzucker? Welchen Gelierzucker verwenden?

- Gelierzucker ist ein weißer Zucker. Dieser wird mit Pektin und Zitronensäure versetzt. Das Pektin sorgt dafür, dass die Marmelade beim Kochen fest wird. Die Zitronensäure hilft dabei, die Marmelade haltbar zu machen.

- Am häufigsten wird der Gelierzucker 2:1 verwendet, dies bedeutet, dass auf 2 Teile Früchte 1 Teil Zucker kommt. Ebenso gibt es noch Gelierzucker für die Verwendung 1:1 oder 3:1. Je nach Vorliebe und Eigensüße der Früchte können Sie den passenden Gelierzucker einsetzen.

Gelierprobe:

- Geben Sie eine kleine Menge Marmelade auf einen kalten Teller. Wird diese fest, wird auch die fertige Marmelade gelieren.

Pannenhilfe:

Marmelade ist zu dickflüssig:

- Der Zuckeranteil war zu hoch oder sie wurde zu lange gekocht. Sie können 80-100 g Saft pro Kilo Marmelade dazugeben und sie nochmal aufkochen. Oder Sie nutzen die Marmelade als Fruchtmasse für Kuchen oder Desserts.

Marmelade ist zu dünnflüssig:

- Der Zuckeranteil ist zu gering, oder sie wurde nicht lang genug gekocht. Kochen Sie die Marmelade nochmal auf und geben Sie etwas Zitronensaft bzw. noch etwas Gelierzucker dazu.

Ihre Marmelade schimmelt?

- Es kann an der Qualität der Früchte liegen oder daran, dass die Gläser nicht steril waren. Diese Marmelade müssen Sie leider entsorgen. Was die Lagerung angeht, sollten Sie Marmelade kühl, dunkel und trocken lagern. Angebrochene Marmeladen nach Möglichkeit unbedingt im Kühlschrank lagern. Diese halten sich im Kühlschrank ca. 3–4 Wochen.

Raum für Ihre Notizen